BEI GRIN MACHT SICH IHR WISSEN BEZAHLT

AF143202

- Wir veröffentlichen Ihre Hausarbeit,
  Bachelor- und Masterarbeit

- Ihr eigenes eBook und Buch -
  weltweit in allen wichtigen Shops

- Verdienen Sie an jedem Verkauf

Jetzt bei www.GRIN.com hochladen
und kostenlos publizieren

Schleusungskriminalität und polizeiliche Gegenmaßnahmen. Eine Neubewertung der kontrollierten Schleusung im Kontext aktueller Krisen

Julian Neumann

Bibliografische Information der Deutschen Nationalbibliothek:

Die Deutsche Nationalbibliothek verzeichnet diese Publikation in der Deutschen Nationalbibliografie; detaillierte bibliografische Daten sind im Internet über http://dnb.d-nb.de abrufbar.

ISBN: 9783389085899
Dieses Buch ist auch als E-Book erhältlich.

© GRIN Publishing GmbH
Trappentreustraße 1
80339 München

Alle Rechte vorbehalten

Druck und Bindung: Books on Demand GmbH, Norderstedt Germany
Gedruckt auf säurefreiem Papier aus verantwortungsvollen Quellen

Das vorliegende Werk wurde sorgfältig erarbeitet. Dennoch übernehmen Autoren und Verlag für die Richtigkeit von Angaben, Hinweisen, Links und Ratschlägen sowie eventuelle Druckfehler keine Haftung.

Das Buch bei GRIN: https://www.grin.com/document/1515002

Deutsche Hochschule der Polizei

Zum Roten Berge 18-24

48165 Münster

Landau in der Pfalz, 3. Januar 2022

HAUSARBEIT IM MODUL 13

14. MASTERSTUDIENGANG 2020/2022

Kontrollierte Schleusungen

– Grenzüberschreitende Observation von Schleusungen als Bekämpfungsansatz der organisierten Schleusungskriminalität –

Julian Neumann

Inhaltsverzeichnis

1 Einführung

Das Lagebild des Bundeskriminalamtes (BKA) zur Schleusungskriminalität 2020 weist für die Straftaten nach §§ 96, 97 AufenthG 3.105 Fälle auf. Damit bewegen sich die Schleusungsstraftaten seit 2018 auf einem nahezu gleichbleibend hohen Niveau (Bundeskriminalamt, 2021, S. 8). Schleusungsstrafverfahren, insbesondere die Aufdeckung von Organisationsstrukturen, sind mit erheblichem Ermittlungsaufwand verbunden. Verdeckte Ermittlungsmaßnahmen wie die Telekommunikationsüberwachung (TKÜ) oder der Einsatz von verdeckten personellen Ermittlungsmaßnahmen sind aufgrund der erheblichen Konspiration in weiten Teilen unmöglich (Spang, 2003, S. 271). Eine wirksame Bekämpfung unter nachhaltiger Zerschlagung der international agierenden Täterstrukturen ist nur grenzüberschreitend und damit multilateral möglich. Dies zeigt sich nicht zuletzt im Erfolg länderübergreifender Ermittlungsmaßnahmen, koordiniert durch Europol (Europol, 2021b). Ein weiteres Instrument zur Bekämpfung der Schleusungskriminalität könnte die grenzüberschreitende Observation von Schleusungshandlungen sein.

Riemer (2001, S. 255) referierte auf einer Tagung in der Polizeiführungsakademie Hiltrup zum Themenfeld *Unerlaubte Einreise und Schleusungskriminalität* über den Nutzen und die Zulässigkeit kontrollierter Schleusungen. Dieser Vortrag schien den Anstoß für eine kurze aber kontrovers geführte Auseinandersetzung mit dem Themenfeld der kontrollierten Schleusung zu bilden. Die Debatte versiegte im Jahr 2003 und wurde seitdem auch nicht wieder aufgegriffen.

Die Flüchtlingskrise von 2015, die sich anbahnenden Migrationskrise an der polnisch-belarussischen und polnisch-deutschen Grenze sowie die Bedrohung durch den internationalen Terrorismus – insbesondere die Einschleusung von Personen mit einem konkreten Anschlagsziel wie in Paris (Reuters, 2016; Sydow, 2016) – machen eine erneute Beschäftigung mit der polizeitaktischen Maßnahme der kontrollierten Schleusung erforderlich. Es muss überprüft werden, ob die Voraussetzungen, die die Debatte von 2001 bis 2003 prägten, immer noch bestehen oder ob sich Änderungen ergeben haben, die die Debatte erneut entfachen könnten.

2 Bedeutung des Deliktsbereiches Schleusung

Das dem Deliktsbereich der Schleusungskriminalität eine hohe Bedeutung zukommt, ergibt sich aus dem Umstand, dass sowohl BKA sowie Europol ein eigenes Lagebild zum Deliktsfeld haben. Darüber hinaus hat die Europäische Kommission (EU Kom) im September 2021 ihren *renewed EU action plan against mirgant smuggling (2021-2025)* vorgelegt. Die Bedeutung dieses Deliktsfeldes auf internationaler Ebene bekräftigt das Zusatzprotokoll zur United

Nations Convention against Transnational Organized Crime - Resolution 55/25 vom 15. November 2000, mit dem Ziel, der internationalen Bekämpfung der Schleusungskriminalität.

2.1 Lagebild Schleusungskriminalität

Aus dem Bundeslagebild Schleusungskriminalität 2021 ergeben sich 3.105 Fälle der Einschleusung von Personen. Dabei entfallen 2.995 Fälle auf Taten nach § 96 AufenthG und 110 Fälle auf Taten nach § 97 AufenthG. Insgesamt sind die Fallzahlen, trotz der COVID-19 Pandemie, nur leicht rückläufig, wobei sich ein Anstieg bei der banden- oder gewerbsmäßigen Einschleusung von Personen gem. § 96 Abs. 2 Nr. 1 und Nr. 2 AufenthG ergeben hat (insgesamt 561 Fälle). Die auf § 97 AufenthG entfallenen Taten haben alle den Hintergrund der Banden- und Gewerbsmäßigkeit (Bundeskriminalamt, 2021, S. 7–8). 61 Gruppierungen, die Straftaten nach den §§ 96, 97 AufenthG begehen, haben laut BKA einen Bezug zur organisierten Kriminalität und erwirtschaften mit ihren Taten bis zu 30 Millionen Euro (Bundeskriminalamt, 2021, S. 13). Darüber hinaus konnte „(…) ein verrichtungsspezialisiertes, grenzüberschreitendes, netzwerkartiges Vorgehen und eine zunehmende Professionalität der Tätergruppierungen (…)" (Bundeskriminalamt, 2021, S. 13) festgestellt werden.

2.2 Modus Operandi

Die wichtigsten modi operandi hat das European Migrant Smugglin Centre in seinem fünften Bericht über Taten in Europa zusammengefasst. Es handelt sich um Behältnisschleusungen, Bootsschleusungen, Visaerschleichungen, Passfälschungen, Missbrauch von Arbeitserlaubnissen und Scheinehen (Europol, 2021a, 15 ff.). Auch das BKA identifiziert die Behältnisschleusung als wichtigsten modus operandi im Jahr 2020 (Bundeskriminalamt, 2021, S. 14).

3 Polizeitaktischer Nutzen

„Schleuserorganisationen sind oftmals ethnisch geschlossene Gruppen, die sich nach innen und außen abschotten und den Einsatz von Verdeckten Ermittlern schon im Ansatz aussichtslos erscheinen lassen" (Spang, 2003, S. 271). Dieses strafverfolgungsbehördliche Dilemma führt dazu, dass Schleuserorganisationen mit den klassischen Mitteln des Strafprozessrechtes, wie TKÜ, Einsatz von Verdeckten Ermittlern oder Vertrauenspersonen schlecht aufzudecken und zu zerschlagen sind (Riemer, 2001, S. 257; Spang, 2003, S. 271). Die so bestehende Erkenntnislücke könnte über kontrollierte Schleusungen geschlossen werden. Den polizeitaktischen Nutzen fasst Spang (2003, S. 271) wie folgt zusammen:

– „Gewinnung von Informationen, die über das Beschaffen von Beweismitteln hinausgeht,

– Ermöglichung des polizeilichen Zugriffs auf Führungsstrukturen,

- Offenlegung bzw. Zerschlagung, zumindest die erhebliche Beeinträchtigung der vorhandenen Logistik der Schleuserorganisation,
- Feststellung von Absatzorten, Treff- und Verteilerpunkten, Schleuserrouten und Kontaktpersonen,
- Feststellung / Zusammenführung von vergangenen, nicht ausermittelten Schleusungshandlungen,
- Vermögensabschöpfung,
- Generalprävention."

Darüber hinaus können durch die kontrollierte Schleusung auch andere schwere Straftaten aufgedeckt werden.

4 Grenzüberschreitende Observation

Im Fokus dieser Ausarbeitung steht die Frage der Möglichkeit der Observation einer Einschleusung nach Deutschland. Mit der Einschleusung in das Hoheitsgebiet der Bundesrepublik Deutschland ist zwangsläufig ein Grenzbezug verbunden. Es stellen sich zunächst die Fragen, ob und wie deutsche Polizeibeamte grenzüberschreitend tätig werden dürfen.

4.1 Rechtliche Rahmenbedingungen im Allgemeinen

Grenzüberschreitende polizeiliche Ermittlungsmaßnahmen unterliegen Besonderheiten. Die Ermittlungsmaßnahme muss im Inland, d.h. im Entsendestaat, zulässig und rechtmäßig sein und die zu treffende Ermittlungsmaßnahmen muss auch im Aufnahmestaat zulässig sein. Die Zulässigkeit von Ermittlungsmaßnahmen des Entsendestaates im Aufnahmestaat ergibt sich durch spezielle Rechtsvorschriften. Diese können Sondernormen, Aufgabenzuweisungsklauseln oder Generalklauseln sein (Fahrner, 2020, S. 61), bspw. RiVASt Nr. 140 Abs. 1 oder das Abkommen zwischen der Regierung der Bundesrepublik Deutschland und der Regierung der Republik Polen über die Zusammenarbeit der Polizei-, Grenz- und Zollbehörden (dt.-pl. PV).

Auf einer weiteren Ebene ist die völkerrechtliche Zulässigkeit der Ermittlungsmaßnahme zu prüfen. Die völkerrechtliche Zulässigkeit von Ermittlungshandlungen deutscher Behörden in den Anrainerstaaten ergibt sich aus dem Schengener Durchführungsübereinkommen (SDÜ), dem Prümmer Vertrag sowie aus bilateralen Polizeiverträgen. Die bilateralen Polizeiverträge stellen für deutsche Polizeibehörden die wichtigste Rechtsquelle da. Die Bundesrepublik Deutschland hat mit allen Anrainerstaaten bilaterale Polizeiverträge abgeschlossen (Fahrner, 2020, S. 62).

3

4.1.1 Europarechtlicher Rahmen

Rechtsquelle für die Zulässigkeit der grenzüberschreitenden Observation ist zuvorderst Art. 40 SDÜ sowie das Zweite Zusatzprotokoll zum Europäischen Übereinkommen über die Rechtshilfe in Strafsachen von 2001. Nachfolgend werden nur die Regelungen des Art. 40 SDÜ im Detail betrachtet. Art. 40 Abs. 1 SDÜ erlaubt die grenzüberschreitende Observation in Fällen einer auslieferungsfähigen Straftat sowie nach Genehmigung eines im Vorhinein gestellten Rechtshilfeersuchen. In Fällen der besonderen Dringlichkeit, also in Fällen bei denen ein Rechtshilfeersuchen nicht vorher gestellt werden kann, weil die sich daraus ergebende zeitliche Verzögerung den Erfolg der Observation gefährden würde (Heesen, Hönle, Peilert & Martens, 2012, § 2, Rn. 69), ist eine grenzüberschreitende Observation nach Maßgabe des Art. 40 Abs. 2 SDÜ möglich. In diesen Fällen ist das Rechtshilfeersuchen unverzüglich nachzuholen und die Zulässigkeit ist auf Straftaten nach Art. 40 Abs. 7 SDÜ begrenzt.

4.1.1.1 Normalfall gem. Art. 40 Abs. 1 SDÜ

Die notwendigen Voraussetzungen des Art. 40 Abs. 1 SDÜ bedürfen aufgrund der europarechtlichen Normsetzung einer Konkretisierung. Die Grundvoraussetzungen für die Stellung eines Rechtshilfeersuchens an einen anderen Staat ergeben sich aus Nr. 25 RiVASt. Somit kann ein Rechtshilfeersuchen entweder vertraglicher Art, basierend auf völkerrechtlichen Verträgen, oder vertragsloser Art, Recht des ausländischen Staates lässt Rechtshilfe zu, sein. Ein Rechtshilfeersuchen ist nach Nr. 27 RiVASt auf dem vorgeschriebenen Geschäftsweg zu übermitteln. Der vorgeschriebene Geschäftsweg ergibt sich aus dem Länderteil der RiVASt und sieht für jedes Land mit dem Rechtshilfe stattfindet eine Regelung zur Übermittlung vor.

Der Begriff der auslieferungsfähigen Straftat wird im SDÜ nicht definiert. Die Begrifflichkeit findet sich im Rahmenbeschluss des Rates vom 13. Juni 2002 über die Anforderungen an den Erlass eines Europäischen Haftbefehls sowie im Europäischen Auslieferungsabkommen (EU-AlÜbk) (Heesen et al., 2012, § 2, Rn. 68). Kapitel I Art. 2 Abs. 1 des Rahmenbeschluss des Rates vom 13. Juni 2002 sowie Art. 2 EU-AlÜbk sprechen von einer auslieferungsfähigen Straftat, wenn eine Tat im Entsende- und Aufnahmestaat eine strafbare Handlung darstellt, mit einer Freiheitsstrafe oder einer freiheitsentziehenden Maßregel der Sicherung im Höchstmaß von mindestens zwölf Monaten bedroht ist oder im Falle einer Verurteilung zu einer Strafe oder der Anordnung einer Maßregel der Sicherung, deren Maß mindestens vier Monate beträgt.

Die bilateralen Polizeiverträge sehen für das beschriebene Verfahren einige Sonderregelungen vor. Diese sollen am Beispiel des dt.-pl. PV skizziert werden. Art. 5 dt.-pl. PV enthält bspw. Sonderreglungen für zu stellende Rechtshilfeersuchen, im dt.-pl. PV nur Ersuchen

4

genannt. Art. 22 dt.-pl. PV befasst sich im Detail mit dem Verfahren der grenzüberschreitenden Observation, dabei werden die Regelungen des Art. 40 SDÜ im Detail ausgeformt.

4.1.1.2 Eilfall

Für ein nachträgliches Rechtshilfeersuchen gelten ebenfalls die Regelungen der Nr. 25 ff RiVASt. Ergänzungen zur eilbedürftigen Übermittlung von Rechtshilfeersuchen enthält der Länderteil der RiVASt. Art. 40 Abs. 7 SDÜ beschränkt die Möglichkeit der grenzüberschreitenden Observation im Eilfall u.a. auf die Straftaten Mord, Totschlag, Vergewaltigung, Brandstiftung, Erpressung und Menschenhandel. Mit dem Beschluss 2003/725/JI des Rates vom 2. Oktober 2003 wurde in den Straftatenkatalog des Art. 40 Abs. 7 SDÜ auch die Schleuserkriminalität aufgenommen.

4.1.2 Nationalrechtlicher Rahmen

Bei den Straftaten die der Schleusungskriminalität nach deutschen Recht zuzuordnen sind, namentlich die §§ 96, 97 AufenthG, handelt es sich bei beiden Strafnormen um auslieferungsfähige Straftaten, da die Taten mit einer Freiheitsstrafe von mindestens zwölf Monaten bedroht sind. Insofern kann eine grenzüberschreitende Observation von Tathandlungen gem. §§ 96, 97 AufenthG zuzurechnen sind erfolgen. Der Möglichkeit einer grenzüberschreitenden Observation von Schleusungshandlungen steht die Zulässigkeit einer solchen Ermittlungshandlung gegenüber.

4.1.2.1 Kontrollierte Schleusung vs. kontrollierte Lieferung vs. Observation

Bevor auf die Zulässigkeit einer Observation von Schleusungshandlungen eingegangen werden kann ist es erforderlich Begrifflichkeiten voneinander abzugrenzen. Der Definition der kontrollierten Lieferung, der kontrollierten Schleusung und der Observation kommt dabei entscheidende Bedeutung zu.

Der Begriff der kontrollierten Lieferung ist ein im deutschen Rechtsraum feststehender Rechtsbegriff. Er findet Erwähnung in § 91c Abs. 2 Nr. 2c) lit. bb IRG und seine Definition in Nr. 29a RiStBV. Es handelt sich bei einer kontrollierten Lieferung um eine von den Strafverfolgungsbehörden überwachte illegale Durch-, Ein- oder Ausfuhr von Betäubungsmitteln, Waffen, Diebesgut, Hehlerware u.ä.. Bilaterale Polizeiverträge enthalten ergänzende Regelungen zur Durchführung grenzüberschreitender kontrollierter Lieferungen (Art. 21 dt.-pl. PV).

Aus der Definition der Nr. 29a RiStBV wird deutlich, dass der Begriff und auch die Verfahrensvorschriften der kontrollierten Lieferung nicht auf den Bereich der Schleusung anwendbar sind (Riemer, 2001, S. 257; Spang, 2003, S. 270). Eine Ähnlichkeit in der Ausgangssituation besteht zwar, dies kann allerdings nicht darüber hinwegtäuschen, dass es sich bei einer

5

Einschleusung um das Verbringen von Menschen und nicht von illegalen Waren handelt (Hackner & Schierholt, 2017, S. 246; Riemer, 2001, S. 256; Spang, 2003, S. 270).

Ob es sich bei der Observation einer Schleusungshandlung um eine kontrollierte Schleusung handelt, bedarf einer genaueren Betrachtung. Observation steht, in Anlehnung an die Legaldefinition des § 163f Abs. 1 S. 1 StPO für die planmäßig angelegte Beobachtung einer Person. Nach Spang (2003, S. 270) liegt eine kontrollierte Schleusung vor, wenn die Verbringung von illegal ein-, durch- oder ausreisenden Personen unter strafverfolgungsbehördlicher Überwachung stattfindet. Hieraus folgt, dass es sich bei jeder observierten Schleusung auch um eine kontrollierte Schleusung handelt, weil sie unter hoheitlicher Aufsicht stattfindend, handelt (Kepura, 2002, S. 438–439). Insoweit sind die beiden Begriffe im Bezug auf Schleusungshandlungen als Synonym anzusehen.

4.1.2.2 Observation nach § 163f StPO

Die Ermächtigungsgrundlage für eine längerfristige strafprozessuale Observation findet sich in § 163f StPO. Nach § 163f StPO ist die längerfristige Observation dann zulässig, sofern es sich um eine Straftat von erheblicher Bedeutung handelt. „Eine Straftat hat ‚erhebliche Bedeutung‘, wenn sie mindestens dem Bereich der mittleren Kriminalität zuzurechnen ist, den Rechtsfrieden empfindlich stört und geeignet ist, das Gefühl der Rechtssicherheit der Bevölkerung erheblich zu beeinträchtigen. Der Bereich mittlerer Kriminalität bestimmt sich maßgeblich nach den abstrakten Strafrahmen des materiellen Strafrechts, nicht nach der Schuldform. Bei entsprechend hohen Strafrahmen kann daher auch eine fahrlässige Straftat eine solche von ‚erheblicher Bedeutung' sein" (Bundesgerichtshof 1 StR 359/11, Rn. 35). Die Strafandrohung liegt bei § 96 AufenthG bei drei Monaten bis fünf Jahren und bei § 97 AufenthG bei nicht unter drei Jahren. Der vorliegende Strafrahmen liegt damit im Bereich der mittleren Kriminalität.

Ob Schleusungshandlungen geeignet sind den Rechtsfrieden empfindlich zu stören und das Gefühl der Rechtssicherheit der Bevölkerung erheblich zu beeinträchtigen richtet sich nach dem Einzelfall und nach der Wahrnehmung der Bevölkerung. Eine verallgemeinernde Aussage kann hier nicht getroffen werden. Dafür spricht allerdings in Form eines Erst-Recht-Schlusses, dass in § 100a Abs. 2 StPO die Schleusungsstraftaten nach §§ 96 Abs. 2 und 97 AufenthG als schwere Straftaten klassifiziert werden. Eine schwere Straftat ist nach der grammatikalischen Auslegung höherwertiger als eine Straftat von erheblicher Bedeutung. Insofern kann davon ausgegangen werden, dass es sich zumindest bei den Handlungen nach §§ 96 Abs. 2 und 97 AufenthG um Straftaten von erheblicher Bedeutung handelt. Insofern wären die Voraussetzungen des § 163f StPO erfüllt.

4.2 Besondere rechtliche Rahmenbedingungen in Bezug auf Schleusungen

Nur weil die tatbestandlichen Voraussetzungen einer Ermächtigungsnorm, hier § 163f StPO, erfüllt sind, ist nicht gleichzeitig die gewünschte Ermittlungsmaßnahme zulässig. Hinzu kommen weitere Form- und Verfahrensvorschriften bzw. Rechtsgrundsätze. Besondere Bedeutung hat in diesem Zusammenhang der Grundsatz der Verhältnismäßigkeit. Hierbei wird die betroffenen Rechtspositionen, auf der einen Seite eingeschränkte Grundrechte und auf der anderen Seite Verpflichtungen des Staates, gegeneinander abgewogen. Besondere Bedeutung, im Bereich der Observation von Schleusungshandlungen, hat die Schutzpflicht des Staates von Leben und körperlicher Unversehrtheit (Art. 2 Abs. 2 S. 1 GG) sowie die absolute Schutzpflicht der Menschenwürde (Art. 1 Abs. 1 S. 2 GG) auf der einen Seite und auf der anderen Seite die Verpflichtung des Staates zur wirksamen Strafverfolgung (Riemer, 2001, S. 259; Spang, 2003, S. 272).

4.2.1 Recht auf Leben und körperliche Unversehrtheit, Art. 2 Abs. 2 S. 1 GG

Art. 2 Abs. 2 S. 1 GG ist in seiner Form zunächst ein Abwehr- und Freiheitsrecht einer jeden natürlichen Person. Das Recht auf Leben und körperliche Unversehrtheit weist Züge eines Schutzgedankens durch den Staat auf (Jarass & Pieroth, 2016, Art. 2, Rn. 80). „In engen Grenzen kann hieraus (…) auch eine Verpflichtung des Staates entnommen werden, (…) die materielle Existenz des menschlichen Lebens zu sichern" (Wolff et al., 2018, Art. 2, Rn. 9). Der Umfang dieser Schutzpflicht ist hingegen nicht klar umrissen (Epping, 2015, S. 60). Vielmehr kommt „(…) der vollziehenden Gewalt ein weiter Einschätzungs-, Wertungs- und Gestaltungsbereich zu, der auch Raum lässt, etwa konkurrierende öffentliche (…) Interessen zu berücksichtigen" (Bundesverfassungsgericht 1 BvR 1301/84, Rn. 102).

Eine Verletzung der Schutzpflicht liegt vor, „(…) wenn die öffentliche Gewalt Schutzvorkehrungen entweder überhaupt nicht getroffen hat oder die getroffenen Regelungen und Maßnahmen gänzlich ungeeignet oder völlig unzulänglich sind, das Schutzziel zu erreichen" (Bundesverfassungsgericht 1 BvR 1301/84, Rn. 102). Ab wann eine Schutzpflicht des Staates eingreift, wird aus der Entscheidung des BVerfG nicht deutlich. In der Literatur wird die Eingriffsschwelle von zwei Faktoren abhängig gemacht (Epping, 2015, S. 60). Es wird eine eingriffsadäquate Beeinträchtigung durch Dritte und eine hinreichende Wahrscheinlichkeit des Schadenseintritts gefordert (Epping, 2015, S. 60).

Für die Durchführung kontrollierter Schleusungen lässt sich folgern, dass der Strafverfolgungsanspruch als Ausprägung des Rechtstaatsprinzip gem. Art. 20 Abs. 3 GG, als konkurrierendes öffentliches Interesse zur Schutzpflicht der Güter aus Art. 2 Abs. 2 S. 1 GG herangezogen werden kann. Sofern eine eingriffsadäquate Beeinträchtigung besteht, bspw. bei

Behältnisschleusungen in Kühllastern und die Wahrscheinlichkeit des Schadenseintritts an den Rechtsgütern Leben und körperliche Unversehrtheit über das allgemeine Lebensrisiko hinausgeht, überwiegt die Schutzpflicht des Staates und eine kontrollierte Schleusung wäre in diesen Fällen untersagt. Im Gegenteil dazu kann in Fällen einer nicht eingriffsadäquaten Beeinträchtigung und einer dem allgemeine Lebensrisiko entsprechenden Schadenseintrittswahrscheinlichkeit eine Zulässigkeit der Maßnahmen angenommen werden, sofern entsprechende wirksamen Schutzmechanismen ergriffen worden sind.

4.2.2 Menschenwürde, Art. 1 Abs. 1 S. 1 und S. 2 GG

Art. 1 Abs. 1 S. 1 GG erklärt die Würde des Menschen für unantastbar und damit zur absoluten Grenze staatlichen Handelns. Eine Verletzung der Würde ist mit keiner Sachlage zu rechtfertigen. Was unter dem unbestimmten Rechtsbegriff der Menschenwürde zu verstehen ist, ist in Ansehung des konkreten Sachverhalts herauszuarbeiten (Wolff et al., 2018, Art. 1, Rn. 4). „Der Inhalt des Begriffs der Menschenwürde lässt sich am ehesten vom Verletzungsvorgang her bestimmen: Der Mensch darf keiner Behandlung ausgesetzt werden, die ihn zum bloßen Objekt degradiert und seine Subjektqualität prinzipiell in Frage stellt oder Ausdruck der Verachtung des Wertes ist, der Menschen kraft seines Personseins zukommt" (Wolff et al., 2018, Art. 1, Rn. 4).

Problematisch in diesem Zusammenhang erscheint, dass im Falle einer Schleusung nicht der Staat die menschenunwürdigen Verhältnisse hervorruft, sondern die Schleuser. Die Geschleusten begeben sich folglich im Kern freiwillig in einen Zustand, der unter Umständen menschenverachtend sein kann (Riemer, 2001, S. 259; Spang, 2003, S. 273) Allerdings normiert Art. 1 Abs. 1 S. 2 GG auch eine Schutzpflicht des Staates im Bezug auf die Menschenwürde. In der Ausformung dieser Schutzpflicht hat die Staatsgewalt wiederum einen großen Spielraum. Der Schutz einer Person vor sich selbst oder gegen seinen Willen ist regelmäßig nicht erforderlich (Bundesverfassungsgericht 1 BvL 34/80. 1 BvL 55/80, Rn. 33; Jarass & Pieroth, 2016, Art. 1, Rn. 14).

Hieraus folgt für die polizeiliche Maßnahme der kontrollierten Schleusung, dass die Menschenwürde keine Begrenzung der gewollten Ermittlungsmaßnahme darstellt. Die zu schleusenden Personen begeben sich selbst in eine Situation, die ein verständiger Mitteleuropäer bei Würdigung aller ihm bekannten Umstände als menschenunwürdig erachten würde. Diese Vorstellung ist nicht von Belang. Der Schutz einer Person vor sich selbst ist nicht erforderlich. Als praktikable Grenze können damit nur die Ausführungen zu Art. 2 Abs. 2 S. 1 GG gelten, denn wenn Schutzmaßnahmen nicht ergriffen werden, wird der Mensch zum reinen Objekt staatlichen Handelns degradiert. Hierin liegt eine Verletzung des Art. 2 Abs. 2 S. 1 GG und des Art. 1 Abs. 1 S. 1 GG.

4.2.3 Beihilfe durch Unterlassen

Ein weiterer Problemkreis ergibt sich aus einer möglichen Strafbarkeit der handelnden Polizeibeamten. Hier könnte eine Beihilfe zur unerlaubten Einreise sowie zur Schleusung durch Unterlassen einschlägig sein. Es ist fraglich, ob solche Handlungen gerechtfertigt sein könnten. Auf rechtstheoretische Problematiken der Abgrenzung der Täterschaft oder Beihilfe durch Unterlassen wird nicht eingegangen.

Die unerlaubte Einreise gem. §§ 95 Abs. 1 Nr. 3, 14 Abs. 1 Nr. 1 und 2 AufenthG als verwaltungsakzessorische Straftat ist grundsätzlich genehmigungsfähig. Eine Rechtsgrundlage für die Erteilung eines fiktiven Aufenthaltstitels i.S.d. § 4 AufenthG fehlt im AufenthG. Zudem würde die fiktive Aufenthaltserlaubnis auch die Strafbarkeit nach § 95 Abs. 1 Nr. 3 AufenthG entfallen lassen. Dies hätte zur Konsequenz, dass auch die Strafbarkeit des Schleusers nach §§ 96, 97 AufenthG entfiele, da die rechtwidrige Bezugstat der Beihilfehandlung fehlt. Eine analoge Anwendung des Rechtfertigungsgrundes aus § 4 Abs. 2 Hs. 1 BtMG für den Bereich der kontrollierten Lieferung verbietet sich. Somit bleibt es bei einer Strafbarkeit der Handelnden Staatsorgane i.S. einer Beihilfe oder eines Unterlassens.

Insofern hat sich an der durch Spang (2003, S. 274) und Riemer (2001, S. 260–261) beschriebenen Rechtsproblematik auch bei der Reform des Ausländergesetzes zum Aufenthaltsgesetz nichts geändert. Die kontrollierte Schleusung ist aus strafrechtlicher Sicht aufgrund eines fehlenden Rechtfertigungsgrundes in Deutschland unzulässig.

5 Fazit und Ausblick

Die Eingangsfrage, ob die kontrollierte Schleusung ein Mittel zur effektiven Bekämpfung der Schleusungskriminalität ist, muss bejaht werden. Die Frage, ob sich seit 2001 an der Sachlage der Debatte Änderungen ergeben haben muss negiert werden. Nach wie vor besteht das Problem des fehlenden Rechtfertigungsrundes analog § 4 Abs. 2 Hs. 1 BtMG im Aufenthaltsgesetz. Hier müsste der deutsche Gesetzgeber aktiv werden. Eine europäische Lösung wäre ebenfalls denkbar. Art. 79 Abs. 2 lit. c AEUV gibt der EU die Möglichkeit Maßnahmen zur Bekämpfung der illegalen Einwanderung zu ergreifen. Im erneuerten Plan zur Bekämpfung der Schleusungskriminalität ruft die EU Kom zur Schaffung wirksamer rechtlicher Mechanismen zur Bekämpfung der Schleusungskriminalität auf (European Commission, 2021, S. 16). Die Schaffung eines Rechtfertigungsgrundes für die kontrollierte Schleusung ist auf europarechtlicher Ebene denkbar.

Abkürzungsverzeichnis

Abs.	Absatz
AEUV	Vertrag über die Arbeitsweise der Europäischen Union
AufenthG	Gesetz über den Aufenthalt, die Erwerbstätigkeit und die Integration von Ausländern im Bundesgebiet
BGH	Bundesgerichtshof
BKA	Bundeskriminalamt
bspw.	beispielsweise
BtMG	Gesetz über den Verkehr mit Betäubungsmitteln
BVerfG	Bundesverfassungsgericht
dt.-pl. PV	Abkommen zwischen der Regierung der Bundesrepublik Deutschland und der Regierung der Republik Polen über die Zusammenarbeit der Polizei-, Grenz- und Zollbehörden
EU AlÜbk	Europäisches Auslieferungsabkommen
EU Kom	Europäische Kommission
ff.	fortfolgend / fortfolgende
gem.	gemäß
GG	Grundgesetz für die Bundesrepublik Deutschland
Hs.	Halbsatz
IRG	Gesetz über die internationale Rechtshilfe in Strafsachen
i.S.	im Sinne
i.S.d.	im Sinne des / im Sinne der
lit.	litera (lat.) / Buchstabe
LKA	Landeskriminalamt
Nr.	Nummer

RiStBV	Richtlinien für das Strafverfahren und das Bußgeldverfahren
RiVASt	Richtlinien für den Verkehr mit dem Ausland in strafrechtlichen Angelegenheiten
S.	Satz
SDÜ	Schengener Durchführungsübereinkommen
StPO	Strafprozessordnung
TKÜ	Telekommunikationsüberwachung

Literaturverzeichnis

Bundeskriminalamt. (2021). *Schleusungskriminalität. Bundeslagebild 2020* (Bundeskriminalamt, Hrsg.). Wiesbaden. Zugriff am 12.11.2021. Verfügbar unter: https://www.bka.de/SharedDocs/Downloads/DE/Publikationen/JahresberichteUndLagebilder/Schleusungskriminalitaet/schleusungskriminalitaetBundeslagebild2020.html?nn=28046

Epping, V. (2015). *Grundrechte* (Springer-Lehrbuch, 6. Aufl. 2015). Berlin, Heidelberg: Springer Berlin Heidelberg. https://doi.org/10.1007/978-3-642-54658-7

European Commission. (2021). A renewed EU action plan against migrant smuggling (2021-2025). COM(2021) 591. Zugriff am 12.11.2021. Verfügbar unter: https://ec.europa.eu/home-affairs/renewed-eu-action-plan-agai nst-migrant-smuggling-2021-2025-com-2021-591_en

Europol. (2021a). *European Migrant Smuggling Centre - 5th Annual Report - 2021* (Publications Office of the European Union, Hrsg.). Luxemburg. Zugriff am 12.11.2021. Verfügbar unter: https://www.europol.europa.eu/publications-documents/european-migrant-smuggling-centre-5th-annual-report-%E2%80%93-2021

Europol. (2021, 1. Dezemberb). *Human traffickers grounded in 29-country sweep of European airports and roads*. Zugriff am 03.12.2021. Verfügbar unter: https://www.europol.europa.eu/newsroom/news/human-traffickers-grounded-in-29-country-sweep-of-european-airports-and-roads

Fahrner, M. (2020). *Handbuch internationale Ermittlungen*. München: C.H. Beck.

Hackner, T. & Schierholt, C. (2017). *Internationale Rechtshilfe in Strafsachen. Ein Leitfaden für die Praxis* (3. Auflage). München: C.H. Beck.

Heesen, D., Hönle, J., Peilert, A. & Martens, H. (Hrsg.). (2012). *Bundespolizeigesetz. Verwaltungs-Vollstreckungsgesetz, Gesetz über den unmittelbaren Zwang ; Kommentar* (5. Auflage). Hilden: VDP Verl. Deutsche Polizeiliteratur.

Jarass, H. D. & Pieroth, B. (2016). *Grundgesetz für die Bundesrepublik Deutschland. Kommentar* (14. Auflage). München: C.H. Beck.

Kepura, J. (2002). Kontrollierte Schleusung. Annäherung an einen Begriff und eine Problemstellung. *Der Kriminalist*, (11), 438–441.

Reuters (2016, 3. Februar). Verfassungsschutz warnt. *Handelsblatt*. Zugriff am 13.11.2021. Verfügbar unter: https://www.handelsblatt.com/politik/deutschland/verfassungsschutz-warnt-is-schleust-kaempfer-als-fluechtlinge-nach-europa/12919140.html

Riemer, G. (2001). "Kontrollierte Schleusung" eine kritische Bestandsaufnahme zur Zulässigkeit in Deutschland und in den EU-Mitgliedsstaaten. In Polizeiführungsakademie Hiltrup (Hrsg.), *Schlussbericht über das Seminar Unerlaubte Einreise und Schleusungskriminalität* (AB 19.3.01, S. 255–262).

Spang, T. (2003). Kontrollierte Schleusungen - ein polizeitaktisches Mittel zur Bekämpfung der Schleusungskriminalität? *Die Polizei, 94*(10), 269–274.

Sydow, C. (2016, 21. März). "Tatort"-Faktencheck: Werden Terroristen über deutsche Flughäfen eingeschleust? *DER SPIEGEL.* Zugriff am 13.11.2021. Verfügbar unter: https://www.spiegel.de/politik/deutschland/tatort-check-werden-terroristen-ueber-flughaefen-eingeschleust-a-1082905.html

Wolff, H. A., Antoni, M., Domgörgen, U., Kienemund, A., Küster, B. & Risse, H. (Hrsg.). (2018). *Grundgesetz für die Bundesrepublik Deutschland. Handkommentar* (NomosKommentar, 12. Auflage). Baden-Baden: Nomos.

BEI GRIN MACHT SICH IHR WISSEN BEZAHLT

- Wir veröffentlichen Ihre Hausarbeit,
  Bachelor- und Masterarbeit

- Ihr eigenes eBook und Buch -
  weltweit in allen wichtigen Shops

- Verdienen Sie an jedem Verkauf

Jetzt bei www.GRIN.com hochladen und kostenlos publizieren